南京市地方标准

城市轨道交通防火设计规范

Specification for fire protection design of urban rail transit

DB3201/T 1198—2024

主编单位：南京地铁集团有限公司
　　　　　上海市隧道工程轨道交通设计研究院
批准部门：南京市市场监督管理局
施行日期：2024年7月8日

同济大学出版社

2024　上海

图书在版编目(CIP)数据

城市轨道交通防火设计规范 / 南京地铁集团有限公司,上海市隧道工程轨道交通设计研究院主编. --上海：同济大学出版社，2024.9. -- ISBN 978-7-5765-1351-6

Ⅰ．U231.4-65；TU892-65

中国国家版本馆 CIP 数据核字第 2024FR2213 号

城市轨道交通防火设计规范

南京地铁集团有限公司　　　　　　　　　主编
上海市隧道工程轨道交通设计研究院

责任编辑　朱　勇
责任校对　徐春莲
封面设计　陈益平

出版发行　同济大学出版社　　www.tongjipress.com.cn
　　　　　(地址：上海市四平路1239号　邮编：200092　电话：021-65985622)
经　　销　全国各地新华书店
印　　刷　苏州市古得堡数码印刷有限公司
开　　本　889mm×1194mm　1/32
印　　张　1.5
字　　数　38 000
版　　次　2024年9月第1版
印　　次　2024年9月第1次印刷
书　　号　ISBN 978-7-5765-1351-6
定　　价　30.00元

本书若有印装质量问题，请向本社发行部调换　　　版权所有　侵权必究

目 次

前言 ·· II
1 范围 ·· 1
2 规范性引用文件 ·· 1
3 术语和定义 ·· 2
4 总则 ·· 4
5 耐火等级与防火分隔 ·· 4
6 总平面布局 ·· 13
7 安全疏散 ··· 17
8 建筑构造 ··· 25
9 消防给水与灭火设施 ·· 26
10 防烟与排烟 ·· 30
11 火灾自动报警 ··· 33
12 消防通信 ··· 35
13 消防配电与应急照明 ·· 36
附录A （资料性）车站毗邻建筑的类型划分 ················ 38
附录B （资料性）车站结构直接相关区域示意图 ········· 41

I

前　言

本文件按照 GB/T 1.1—2020《标准化工作导则　第 1 部分：标准化文件的结构和起草规则》的规定起草。

请注意本文件的某些内容可能涉及专利。本文件的发布机构不承担识别专利的责任。

本文件由南京市城乡建设委员会提出并归口。

本文件主要起草单位：南京地铁集团有限公司、上海市隧道工程轨道交通设计研究院。

本文件参编单位：东南大学建筑设计研究院有限公司、广州地铁设计研究院股份有限公司。

本文件主要起草人：陈鸿、利敏、黎庆、卞媛媛、任新伟、戴登军、张静、沈伟、蔡志军、沈瑜、姜大春、董晓春、周璇、童越、刘宝、郑晋丽、李尧、马敏、于祎、谢坤、郭思铖、冯爽、王丹平、吴刚、方玮、刘坚、樊辉、吴晓全、王晨、周晓玲、宋优才、朱蓓玲、蔡岳峰、林智、高旭、潘泽佳、方颖。

城市轨道交通防火设计规范

1 范围

本文件规定了城市轨道交通防火设计的总则、耐火等级与防火分隔、总平面布局、安全疏散、建筑构造、消防给水与灭火设施、防烟与排烟、火灾自动报警、消防通信、消防配电与应急照明等的相关要求。

本文件适用于新（扩）建地铁和轻轨交通工程的防火设计。改建地铁和轻轨交通工程的防火设计可参照本文件执行。

2 规范性引用文件

下列文件中的内容通过文中的规范性引用而构成本文件必不可少的条款。其中，注日期的引用文件，仅该日期对应的版本适用于本文件；不注日期的引用文件，其最新版本（包括所有的修改单）适用于本文件。

GB 17945　消防应急照明和疏散指示系统
GB 50016　建筑设计防火规范
GB 50084　自动喷水灭火系统设计规范
GB 50116　火灾自动报警系统设计规范
GB 50157　地铁设计规范
GB 50974　消防给水及消火栓系统技术规范
GB 51251　建筑防烟排烟系统技术标准
GB 51298　地铁设计防火标准
GB 51309　消防应急照明和疏散指示系统技术标准
GB 51348　民用建筑电气设计标准
GB 55036　消防设施通用规范

GB 55037　建筑防火通用规范
DB32/T 4170—2021　城市轨道交通车辆基地上盖综合利用防火设计标准

3 术语和定义

下列术语和定义适用于本文件。

3.1

上盖建筑　rail transit superstructure

利用车站、车辆基地上部空间建设的非地铁和轻轨交通工程类建(构)筑物。

3.2

板地　top slab floor

车站、车辆基地上部建造的承载上盖建筑的结构顶板。

3.3

上盖平台　platform on upper cover

上盖建筑中满足消防车通行和消防扑救要求，用于人员疏散和灭火救援的板地，以及建造在板地上部、满足上述消防功能要求的室外露天平台。

注：上盖建筑、板地、上盖平台三者关系见图1。

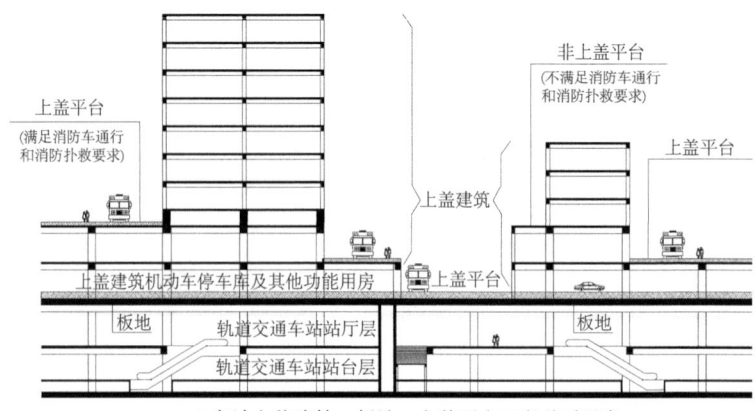

a) 车站上盖建筑、板地、上盖平台三者关系示意

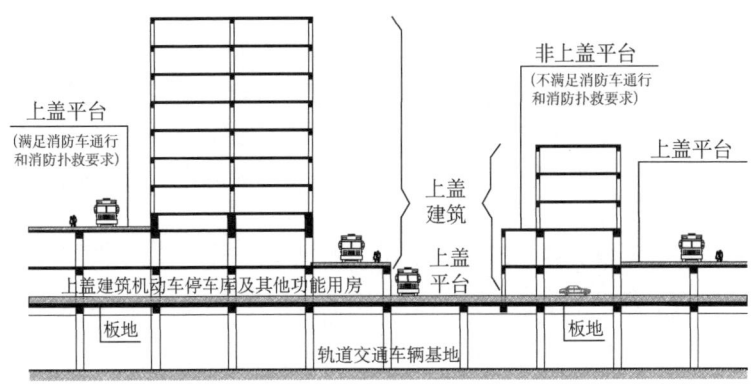

b) 车辆基地上盖建筑、板地、上盖平台三者关系示意

图1 上盖建筑、板地、上盖平台三者关系示意

3.4

车站毗邻建筑 buildings adjacent to a station

与车站一体化设置，且共用部分结构和部分公共空间的综合体建筑；或与车站主体或附属建筑相邻布置，且有连接功能的综合开发建筑。

注1：以下两种建筑类型统称车站毗邻建筑，第一种类型称为融合式车站毗邻建筑，第二种类型称为脱离式车站毗邻建筑(详见附录A)。

注2：车站毗邻建筑中的车站结构直接相关区域是直接影响车站结构安全的结构范围，包括车站(含疏散通道)顶板层及以下各层在车站平面范围内和水平相邻跨的结构，包含基础和水平相邻跨的竖向构件(详见附录B)。

3.5

融合式车站毗邻建筑 buildings integrated with a station

综合开发建筑通过竖向墙体或水平楼板与车站分隔，二者共用部分结构体系，并在水平、竖向等一个或多个方向与车站连通为综合体建筑，该类综合体建筑统称为融合式(含半融合式和全融合式)车站毗邻建筑。

3

3.6

脱离式车站毗邻建筑 buildings detached from a station

综合开发建筑的结构体系与车站完全脱开,自成体系。根据功能需求可通过通道、防火隔间、下沉式广场、楼扶(电)梯间、坡道等方式与车站连通。该类综合开发建筑统称为脱离式车站毗邻建筑。

3.7

共址车辆基地 Co-located depot

两个及以上车辆基地选址于同一处用地,实现共址合建并共享部分设施资源的网络型车辆基地。

4 总 则

4.1 防火设计在遵循国家有关法律法规、方针政策和强制性标准的规定下,符合消防总体规划,体现从全局出发、统筹兼顾的原则。

4.2 一条线路、一座换乘车站及其相邻区间、一处共址车辆基地可按同一时间发生一处火灾考虑。

4.3 当地铁和轻轨交通工程进行上盖综合开发时,轨道交通与上盖综合开发的防火设计各自独立。

5 耐火等级与防火分隔

5.1 一般规定

5.1.1 下列建筑的耐火等级应为一级:
  a) 地下车站及其出入口通道、风道。
  b) 地下区间、联络通道、区间风井及风道。
  c) 控制中心。
  d) 主变电所。
  e) 地下(或半地下)车辆基地内建筑,以及地上车辆基地内的易燃物品库、易燃性废弃物存放间、油漆库等甲、乙类火灾危险性类别生产房屋及一类高层建筑。
  f) 板地下部建筑。

g) 位于地下的脱离式车站毗邻建筑与车站结构直接相关区域。

h) 融合式车站毗邻建筑。

5.1.2 下列建(构)筑的耐火等级不应低于二级：

a) 地下车站(含中间风井)出入口、风亭等地面建(构)筑物。

b) 地上车站、地上区间。

c) 地上车辆基地除易燃物品库、易燃性废弃物存放间、油漆库等甲、乙类火灾危险性类别生产房屋及一类高层建筑外的其他建筑。

d) 板地上部建筑。

5.1.3 当车站出入口、风亭与地面建筑或上盖建筑合建时，出入口通道、风道与合建建筑之间应采用防火墙进行防火分隔，车站出入口和各风口口部与合建建筑之间的保护距离应符合下列规定(见图2、图3)：

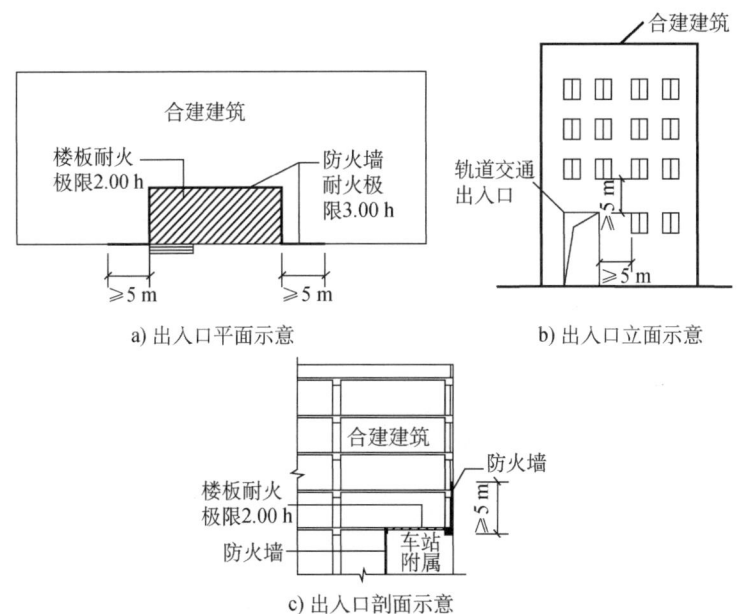

图 2 出入口与合建建筑的防火分隔措施示意

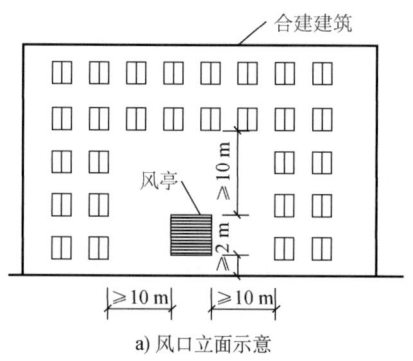

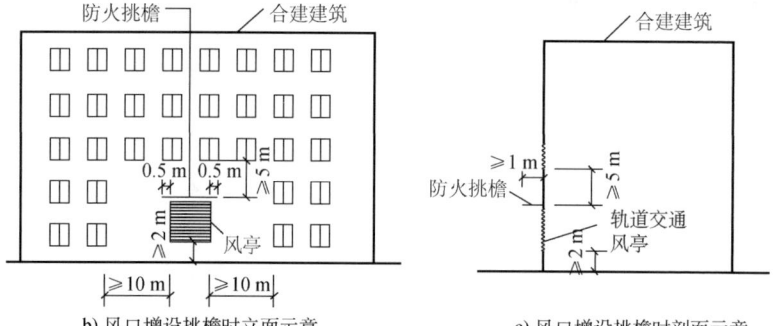

图3 风口口部与合建建筑的防火分隔措施示意

a) 出入口上方及两侧保护距离均不应小于5 m。

b) 各风口口部上方（或下方）保护距离不应小于10 m，但当其口部上方（或下方）设有宽度不小于1 m、每侧长于风口宽度0.5 m、耐火极限不低于2.00 h的不燃材料挑檐时，其上方（或下方）保护距离可减少至5 m。

c) 各风口口部两侧保护距离均不应小于10 m。

d) 当上述保护距离不足时，相邻开口应采用固定甲级防火窗。

5.1.4 设置在板地或上盖平台上的车站、车辆基地出入口（安全出口)、风亭、采光窗井等建(构)筑物,在穿越板地、上盖平台时,出入口和风亭的围护结构以及采光窗的井壁均应采用防火墙进行防火分隔。

5.2 车站及区间

5.2.1 车站内站台至站厅垂直电梯井道围护结构的耐火极限不应低于1.00 h。

5.2.2 车站内的商铺设置应符合下列规定(见图4):

  a) 站台层、站厅的乘客疏散区、出入口通道和其他用于乘客疏散的专用通道内,不应布置商铺或非轨道交通功能设施。

  b) 站厅公共区内的商铺不应经营和储存甲、乙类火灾危险性的商品,不应储存可燃性液体类商品。

  c) 站厅公共区内商铺的总建筑面积不应大于100 m^2,单处商铺的建筑面积不应大于30 m^2。

  d) 商铺应采用耐火极限不低于2.00 h的防火隔墙和耐火极限不低于3.00 h的特级防火卷帘与其他部位分隔。

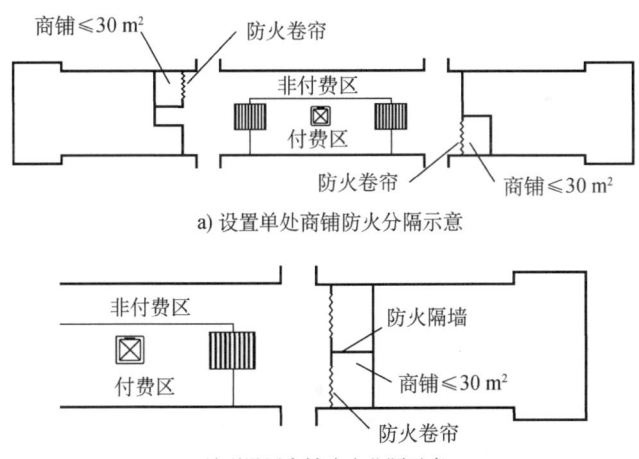

图4 站厅公共区内设置商铺的防火分隔示意

e) 并列设置的商铺之间应采用耐火极限不低于 2.00 h 的防火隔墙相互分隔。

f) 商铺内不应使用明火。

g) 当车站站厅层高较高,商铺上方需做顶板时,其顶板的耐火极限不应低于 2.00 h。

5.2.3 当地下车站站厅层位于站台层下方时,除可在站厅至站台的楼梯或扶梯开口处人员上、下通行的部位采用耐火极限不低于 3.00 h 的特级防火卷帘进行分隔外,其他部位应设置耐火极限不低于 2.00 h 的防火隔墙。

5.2.4 当地上车站站厅位于站台上方且站台层不具备自然排烟条件时,除可在站台至站厅的楼梯或扶梯开口处人员上、下通行的部位采用耐火极限不低于 3.00 h 的特级防火卷帘进行防火分隔外,其他部位应设置耐火极限不低于 2.00 h 的防火隔墙。

5.2.5 商业等非轨道交通功能场所与车站应划分不同的防火分区,消防设施系统各自独立;二者间用于连通的下沉式广场、连接通道、防火隔间、楼扶(电)梯间等连通缓冲空间内部不应用于除人员通行外的其他用途,且装修材料的燃烧性能应为 A 级。

5.2.6 当商业等非轨道交通功能场所与车站采用地下连接通道连通时,连接通道的长度不应小于 10 m,宽度不应大于 8 m,连续 10 m 段内不应开设任何门窗洞口,且在连接通道口部设置由轨道交通和商业等非轨道交通功能场所分别控制、耐火极限均不低于 3.00 h 的两道特级防火卷帘,并应符合下列规定:

  a) 两道防火卷帘应并列设置,且车站一侧的防火卷帘至车站最近安全出口的距离不应大于 50 m,商业等非轨道交通功能场所一侧的防火卷帘至其最近安全出口的距离应符合 GB 55037、GB 50016 的相关规定。

  b) 防火卷帘设置应符合 GB 55037 的相关规定。

5.2.7 当商业等非轨道交通功能场所通过天桥或连廊与车站连通时,用于连通的天桥或连廊应符合下列规定:

a) 天桥或连廊的功能仅限于人员通行,不得用于其他功能。
b) 封闭式天桥或连廊应设置独立的排烟设施,宜为自然排烟,且在封闭式天桥或连廊两端均设置常开甲级防火门。

5.2.8 当站厅公共区与商业等非轨道交通功能场所采用下沉式广场或防火隔间连通时,应符合下列规定(见图5):

a) 下沉式广场或防火隔间的设计应符合 GB 50016 的相关规定,且防火隔间还应满足车站和商业二者之间任一常开甲级防火门门洞之间的最小净距不应小于 6 m,且连续 6 m 段内为不得开设其他任何门窗洞口的防火墙。
b) 用于连通的防火隔间应设在商业等非轨道交通功能场所一侧,且防火隔间临近车站一侧应设置由轨道交通控制并开向防火隔间的常开甲级防火门,临商业一侧应设置由商业控制的常开甲级防火门。
c) 当商业与车站共墙布置时,共用墙体应为防火墙,墙体上开设的单个防火隔间连通门洞的宽度不应超过 8 m,相邻防火隔间连通门洞之间的净距不应小于 3 倍的单个防火隔间连通门洞的宽度。
d) 当任一方发生火灾时,防火隔间内的所有防火门均应处于关闭状态,且其临车站一侧的由车站控制的防火门在火灾情况下应能通过门禁系统锁闭。

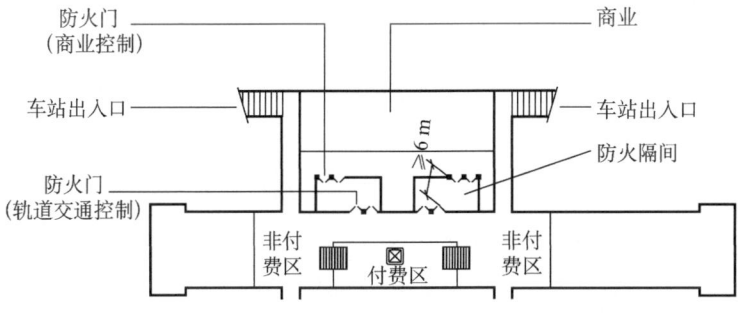

图 5 车站与商业共墙连通时防火分隔措施示意

5.2.9 当站厅非付费区与商业等非轨道交通功能场所上、下布置时,二者间应采用耐火极限不低于2.00 h的楼板进行防火分隔,连通方式应符合下列规定(见图6):

a) 相互间可采用楼扶(电)梯等垂直交通设施连通,垂直交通设施应设在车站公共区以外。

b) 楼扶(电)梯等垂直交通设施应在与车站公共区交界处设置由轨道交通控制耐火极限不低于3.00 h的特级防火卷帘、在商业等非轨道交通功能场所交界处设置由其控制耐火极限不低于3.00 h的特级防火卷帘,并在该防火卷帘旁设一扇开向商业等非轨道交通功能场所的常闭甲级防火门,其他临界面均应设置防火墙。

c) 若商业等非轨道交通功能场所处于车站站厅层与站台层中间,站台至站厅的楼扶(电)梯与商业等非轨道交通功能场所应设置无门窗洞口的防火墙。

d) 垂直连通的电梯井应为独立设置的防火墙,电梯层门的耐火完整性不应低于2.00 h。

e) 电梯井内不应敷设或穿过可燃气体或甲、乙、丙类液体管道及与电梯运行无关的电线或电缆等。

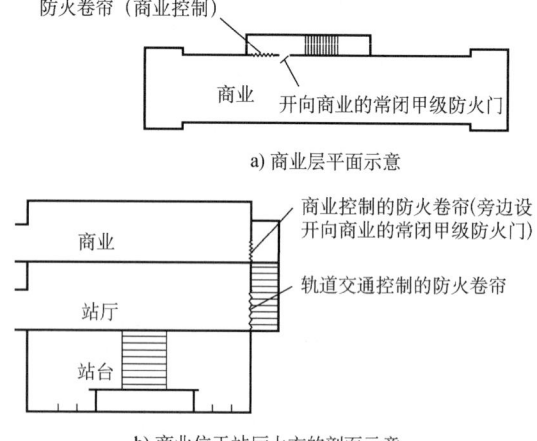

a) 商业层平面示意

b) 商业位于站厅上方的剖面示意

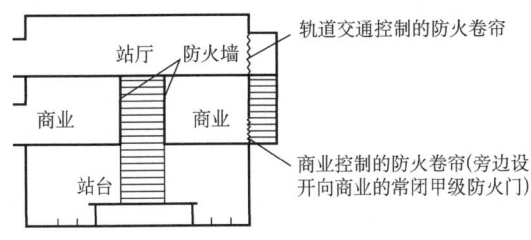

c）商业位于站厅与站台中间的剖面示意

图6 商业层与站厅层上、下重叠布置时连通楼扶(电)梯设置及防火分隔措施示意

5.2.10 融合式车站毗邻建筑与车站的分隔楼板耐火极限不应低于2.00 h。

5.2.11 站台和站厅公共区可划分为同一个防火分区,站厅公共区的建筑面积不宜大于5 000 m²;当站厅公共区的建筑面积大于5 000 m² 时,应划分为不同的防火分隔区,并应符合下列规定:

a) 每个防火分隔区最大允许建筑面积不应大于5 000 m²,直通室外的安全出口数量不得少于2个。

b) 相邻两个防火分隔区之间应采用耐火极限不低于2.00 h 的防火隔墙或耐火极限不低于3.00 h 的特级防火卷帘进行分隔,防火卷帘的设置应符合GB 55037 的相关规定,防火卷帘的长度可不限。

c) 各防火分隔区的出入口疏散通道应各自独立,不得共用或借用。

d) 各防火分隔区直通室外的安全出口应分散布置,同方向相邻两个安全出口之间的水平距离不应小于20 m,且站厅公共区任一点至最近出入口通道口或疏散楼梯口的疏散距离不应大于50 m。

e) 站厅公共区非乘客通行区内除可设置符合第5.2.2 条的商铺外,不得设置其他任何商业和可燃物。

5.2.12 融合式车站毗邻建筑不应在车站的上一层、下一层或贴邻设置歌舞娱乐放映游艺场所,不同功能区域之间应采用防火墙分隔。

5.3 车辆基地

5.3.1 车辆基地内建筑的火灾危险性类别应按下列规定确定:
  a) 易燃物品库、易燃性废弃物存放间为甲类仓库。
  b) 酸性蓄电池充电间为甲类厂房。
  c) 油漆库为乙类厂房。
  d) 调机库、工程车库(内燃机牵引)、混合变电所为丙类厂房。
  e) 物资仓库内部除存放仪器仪表、电子电器、劳保用品的区域为丙类(2项)仓库外,其余存放难燃物品的仓库为丁类仓库;存放不燃物品的仓库、材料棚为戊类仓库;废品库为丙类(2项)仓库。
  f) 检修库、空压机间、不落轮镟轮库、工程车库(电力牵引)、碱性蓄电池间为丁类厂房。
  g) 停车库、列检库、停车列检库、运用库、吹扫库、洗车库、雨水泵房、水处理用房为戊类厂房。

5.3.2 第5.3.1条中未涉及的其余生产用房的火灾危险性分类以及办公、生活等配套用房的建筑分类应符合 GB 50016 的相关规定。

5.3.3 设置在停车列检库、运用库内集中布置的班组用房应单独划分防火分区。

5.3.4 地下停车库、列检库、停车列检库、运用库、检修库与消防车道之间除满足轨道交通车辆限界要求的入库门洞外,其余均应采用防火墙、甲级防火门分隔。

5.3.5 采用自动驾驶模式的停车库、列检库、停车列检库、运用库库内穿越轨道的地下通道可不单独划分防火分区,该地下通道应符合 DB32/T 4170—2021 的相关规定。

5.3.6 有上盖建筑的车辆基地,其上盖建筑与车辆基地之间应由板地完全分隔。

5.3.7 板地自身的承重柱和承重墙的耐火极限不应低于 3.00 h、梁和板的耐火极限不应低于 3.00 h;板地下部车辆基地层间楼板的耐火极限不应低于 2.00 h。

5.3.8 板地设计应符合下列构造要求：
  a) 楼板厚度不小于 250 mm。
  b) 板底钢筋的混凝土保护层厚度不小于 45 mm。
  c) 梁底及梁侧钢筋的混凝土保护层厚度不小于 45 mm。

5.3.9 有上盖建筑的车辆基地,其板地下部的工程车库、混合变电所等丙类生产区域与其他区域之间应采用防火墙分隔。

5.3.10 有上盖建筑的车辆基地,其板地下部的丙类(2项)仓储区域的防火分区面积不应大于 600 m^2。

5.3.11 上盖建筑的设备管廊应布置在板地上方,当确有困难需设置在板地下部时,管廊围合结构不应在板地下部开任何洞口,并应符合下列规定：
  a) 与板地下部的车辆基地空间应进行防火分隔,管廊围合结构的耐火极限不应低于 2.00 h。
  b) 管廊围合结构设置在板地上的检修口所对应的接口处应采用防火材料封堵。
  c) 管廊内不应布置可燃气体等易燃易爆管道。

6 总平面布局

6.1 一般规定

6.1.1 位于地下和有上盖建筑的车站及车辆基地,以及中间风井的出入口、风亭、电梯和消防专用出入口等附属建(构)筑物,地上车站、地上区间、地下区间及其敞口段(含车辆基地出入线)等与周围建筑物、储罐(区)、地下油管、上盖建筑等的防火间距应符合国家现行有关标准的规定。

6.1.2 位于地下和有上盖建筑的车站及车辆基地,其采光窗井与相邻建筑之间的防火间距应符合表1的规定；当相邻建筑物的外墙为防火墙或在采光窗井与相邻建筑物之间设置防火墙时,防火间距不限。

表1 采光窗井与相邻建筑之间的防火间距　　　　　　　　单位:m

建筑类别	裙房和其他民用建筑			高层民用建筑	丙、丁、戊类厂房、库房			甲、乙类厂房、库房
建筑耐火等级	一、二级	三级	四级	一、二级	一、二级	三级	四级	一、二级
采光窗井	6	7	9	9	10	12	14	25

注:表中甲、乙类厂房、库房指板地投影线范围以外的建筑。

6.1.3 位于地下和有上盖建筑的车站及车辆基地以及中间风井的各风亭,当采用侧面开设风口时,应符合下列规定(见图7):

a) 当进风亭、排风亭、活塞风亭的风口均位于同一方向时,排风口、活塞风口应高于进风口,且高差不应小于5 m。

b) 当风口之间有高差但不足5 m时,各风口口部应错开方向布置,且两两之间的水平距离不应小于5 m。

c) 当无法满足本条第a)、b)款的要求时,各风口口部之间的距离应符合第6.1.4条的规定。

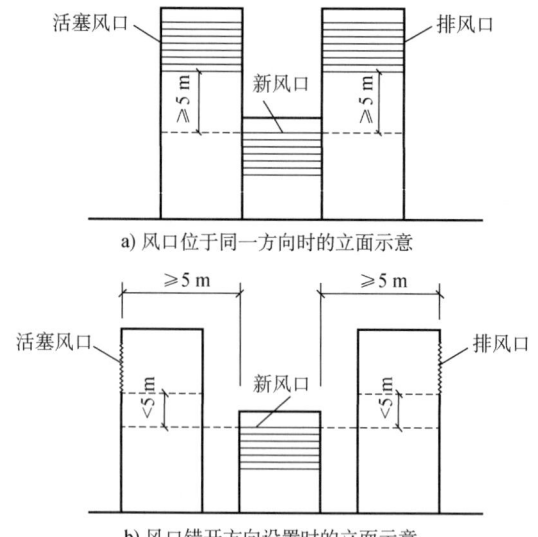

a) 风口位于同一方向时的立面示意

b) 风口错开方向设置时的立面示意

图7 侧面开设风口的各风亭之间的距离示意

6.1.4 位于地下和有上盖建筑的车站及车辆基地以及中间风井的各风亭，当采用顶面敞口的低风亭时，相互之间的净距应符合下列规定：

a) 进风亭与排风亭、活塞风亭之间不应小于10 m。

b) 活塞风亭之间、活塞风亭与排风亭之间不应小于5 m。

6.1.5 有排烟功能的排风亭、活塞风亭，其排风口、活塞风口口部与车站出入口口部的净距不应小于10 m。当无法满足时，排风口、活塞风口口部应高出车站出入口口部5 m；排风口、活塞风口与消防专用通道出入口口部的净距不应小于5 m(见图8)。

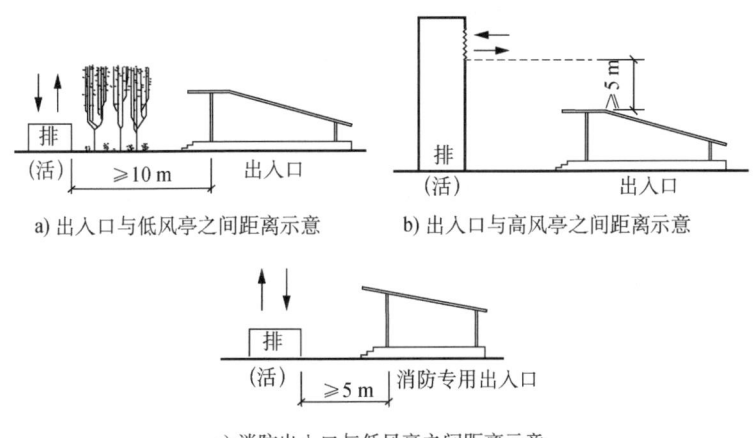

a) 出入口与低风亭之间距离示意　　b) 出入口与高风亭之间距离示意

c) 消防出入口与低风亭之间距离示意

图8 排(活塞)风亭与出入口(消防专用出入口)之间的距离示意

6.2 车站

6.2.1 地上车站建筑的周围应设置环形消防车道，确有困难时，可沿车站建筑的一个长边设置消防车道。

6.2.2 脱离式车站毗邻建筑与地上车站之间的距离不应小于二者之间的防火间距。

6.3 车辆基地

6.3.1 车辆基地的总平面布置应根据城市规划、功能需要、地形条件等因素,合理确定基地内各建筑的位置、防火间距、消防车道、消防水源等。

6.3.2 车辆基地内的消防车道除应符合 GB 50016 的相关规定外,尚应符合下列规定:

    a) 应设置不少于 2 处与外界相通的出入口,并应与基地内各建筑的消防车道连通成环形消防车道。

    b) 停车库、列检库、停车列检库、运用库、检修库、物资总库、易燃物品库周围应设置环形消防车道。

    c) 停车库、列检库、停车列检库、运用库、检修库每线列位在 2 列或 2 列以上且库房的总长度大于 150 m 时,宜在列位之间沿横向设置可供消防车通行的道路;当库房的各自总宽度大于 150 m 时,应在库房的中间沿纵向设置可供消防车通行的道路。

    d) 设置在地下的车辆基地,当库房的总宽度不大于 75 m 时,可沿库房的一个长边设置地下消防车道。

6.3.3 板地下部建筑和上盖建筑与周边建(构)筑物的防火间距应选取板地上、下部各建筑与周边建(构)筑物防火间距中的较大值(见图9)。

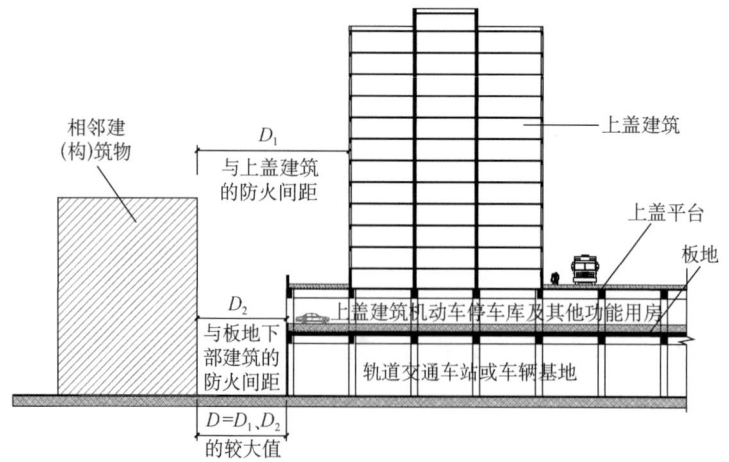

图 9 板地下部建筑和上盖建筑与周边建(构)筑防火间距示意

6.3.4 有上盖建筑的车辆基地,板地上部不应设置甲、乙类厂(库)房和甲、乙、丙类液体、可燃气体储罐及可燃材料堆场;燃油、燃气锅炉房、柴油发电机房均不应贴邻布置。

7 安全疏散

7.1 一般规定

7.1.1 疏散出口门、疏散走道、疏散楼梯等的净宽应符合下列规定:

 a) 疏散出口门的净宽不应小于0.8 m。

 b) 疏散走道、首层疏散外门的净宽不应小于1.1 m。

 c) 净宽大于4.0 m的疏散楼梯、室内疏散台阶或坡道,应设置扶手栏杆分隔为宽度均不大于2.0 m的区段。

7.1.2 在疏散走道、疏散楼梯间、疏散出口处等人员疏散通路上不应有任何影响人员疏散的物体,并应符合下列规定:

 a) 疏散走道、疏散楼梯间、疏散出口等人员疏散通道的净高均不应小于2.1 m。

 b) 疏散走道在防火分区分隔处应设置疏散门。

7.1.3 消防专用通道(消防救援口)可利用设备区的疏散通道及其安全出口,但不可利用乘客疏散的通道及安全出口。

7.2 车站

7.2.1 站台至站厅或其他安全区域的疏散楼梯、自动扶梯和疏散通道的通过能力,应保证在远期或客流控制期中超高峰小时最大客流量时,一列进站列车所载乘客及站台上的候车乘客能在4 min内全部撤离站台,并应能在6 min内全部疏散至站厅公共区或其他安全区域。

7.2.2 乘客全部撤离站台的时间应符合式(1)计算结果:

$$T=\frac{Q_1+Q_2}{0.9[A_1(N-1)+A_2B]} \leqslant 4 \text{ min} \qquad (1)$$

式中：T——乘客全部撤离站台的时间(min)；

Q_1——远期或客流控制期中超高峰小时最大客流量时一列进站列车的载客人数(人)；

Q_2——远期或客流控制期中超高峰小时站台上的最大候车乘客人数(人)；

A_1——一台自动扶梯运行时的通过能力[人/(min·台)]；

A_2——单位宽度疏散楼梯的通过能力[人/(min·m)]；

N——用作疏散的自动扶梯的数量(台)；

B——疏散楼梯的总宽度(m)，每组楼梯的宽度应按0.55 m的整倍数计算。

注：计算公式中，N为用作疏散的自动扶梯数量(台)，逆向运转的自动扶梯不得计入疏散。

7.2.3 站台公共区埋深超过15 m的车站应验算6 min内疏散到站厅公共区或其他安全区的总疏散时间；总疏散时间应符合式(2)计算结果：

$$T_s = T + T_L + T_H \leqslant 6 \text{ min} \tag{2}$$

式中：T_s——乘客全部疏散至站厅公共区或其他安全区的总疏散时间(min)；

T_L——到达站厅公共区或其他安全区的最后一名乘客，其疏散路径上，从用于疏散的站台楼(扶)梯口疏散至站厅公共区或其他安全区所经过的水平段通行时间之和(min)；

T_H——到达站厅公共区或其他安全区的最后一名乘客，其疏散路径上，从用于疏散的站台楼(扶)梯口疏散至站厅公共区或其他安全区所经过的垂直段通行时间之和(min)。

7.2.4 车站付费区与非付费区之间的栅栏上，宜在不同方向设置平开疏散门。自动检票机和疏散门的通过能力应符合式(3)计算结果：

$$A_3 + LA_4 \geqslant 0.9[A_1(N-1) + A_2B] \quad (3)$$

式中：A_3——自动检票机门全开时的通行能力(人/min·m)；

A_4——单位宽度疏散门的通行能力(人/min·m)；

L——疏散门的净宽度(m)，按 0.55 m 整倍数计算，且不小于 1.1 m。

7.2.5 车站与商业等非轨道交通功能场所的安全出口应各自独立设置。二者间的连通口、防火隔间、上下联系楼(扶)梯间等均不得作为相互间的安全出口。

7.2.6 当车站出入口与商业通过下沉式广场连通且满足下列要求时，该出入口可计入车站安全出口进行疏散：

a) 下沉式广场的设计应符合 GB 50016 的相关规定。

b) 车站通向下沉式广场的安全出口与商业通向下沉式广场的疏散门之间的净距不小于 13 m。

c) 下沉式广场直通地面的疏散楼梯的总净宽不应小于商业任一防火分区通向下沉式广场的设计疏散总宽度和车站出入口通向下沉式广场的设计疏散总宽度二者的疏散总宽度之和。

7.2.7 当车站出入口通道与商业通过符合下列要求的防火隔间(见图10)连通时，该通道直出地面的出入口可计入车站安全出口进行疏散：

a) 防火隔间的设计应符合 GB 50016 的相关规定，且防火隔间还应满足车站和商业二者之间任一常开甲级防火门门洞之间的最小净距不应小于 6 m，且连续 6 m 段内为不得开设其他任何门窗洞口的防火墙。

b) 车站和商业均不得利用防火隔间进行疏散。

c) 用于连通的防火隔间设置不得侵入车站出入口通道的空间，并不得影响乘客通行，且防火隔间临近车站出入口通道一侧应设置由轨道交通控制开向防火隔间的常开甲级防火门，临商业一侧应设置由商业控制的常开甲级防火门。

d) 当任一方发生火灾时,防火隔间内的所有防火门均应处于关闭状态,且临车站出入口一侧的由车站控制的防火门在火灾情况下应能通过门禁系统锁闭。

e) 防火隔间内任一点至商业最近的安全出口的疏散距离应符合 GB 55037、GB 50016 的相关规定。

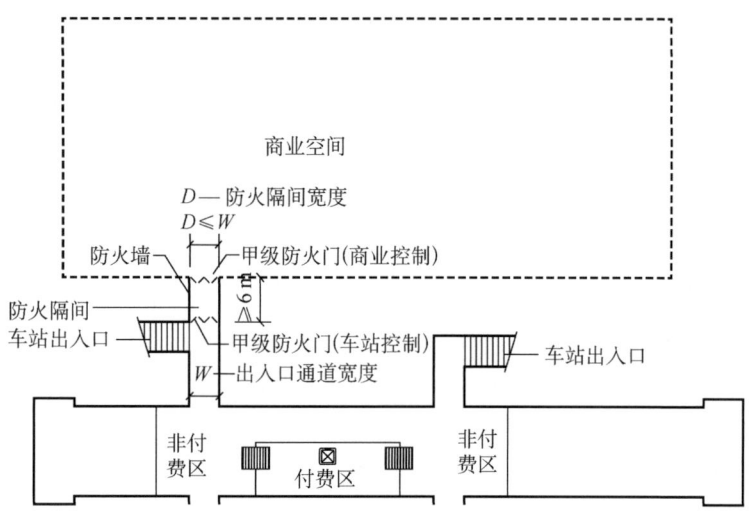

图 10 车站出入口与商业通过防火隔间连接方式示意

7.2.8 当与车站连通的室外人行天桥符合下列规定时,站厅通向天桥的出口可作为安全出口:

a) 应采用不燃材料制作,内部装修材料的燃烧性能应为 A 级。

b) 应具备良好的自然排烟条件。

c) 不得用于人行通行外的其他用途,并应能直通至地面。

7.2.9 车站安全出口设置应符合下列规定:

a) 每个站厅公共区应至少设置 2 个直通室外的安全出口,安全出口应分散布置,且位于站厅公共区同方向相邻两个安全出口之间的水平净距不应小于 20 m。

  b) 换乘车站共用一个站厅公共区时,站厅公共区的安全出口应按每条线不少于 2 个设置;地下换乘车站的换乘通道不应作为安全出口。

  c) 地下一层侧式站台与站厅公共区同层布置时,每侧站台直通室外的安全出口不应少于 2 个。

  d) 当高架车站站台与高架区间的纵向疏散平台直接连通时,可通过在站台门上开设能双向开启的端门作为安全出口。

  e) 设备管理用房区域每个防火分区的安全出口应独立设置,其中有人值守的防火分区安全出口不应少于 2 个,且至少应有 1 个安全出口直通室外。

  f) 设备管理用房区域安全出口可利用与相邻防火分区相通的防火门或能通向站厅公共区的出口作为安全出口,但安全出口不得开向站台至站厅楼梯的中间平台。

  g) 站台设备管理区可利用站台公共区疏散;但当有人值守时,应至少设置 1 个直通室外的安全出口。

  h) 建筑高度超过 24 m 且相连区间未设纵向疏散平台的高架车站,应在站台公共区两端各增设 1 部宽度不小于 1.8 m 的直达地面疏散楼梯间。

7.2.10 当地下车站站厅层位于站台层下方时,除应符合第 7.2.9 条规定外,每个站台还应设置 2 个直通地面或其他安全区域的安全出口。

7.2.11 当地上车站站厅层位于站台层上方,且站台层不具备自然排烟条件时,除应符合第 7.2.9 条规定外,每个站台还应设置 2 个直通室外疏散平台或直达地面的安全出口。

7.2.12 当换乘车站的换乘通道或换乘梯位于地面及以上,且符合下列规定时,换乘车站通向该换乘通道或换乘梯的出口可作为安全出口:

  a) 换乘通道或换乘梯应采用不燃材料制作,其装修材料的燃燃性能应为 A 级。

b) 应具有良好的自然排烟条件。

7.2.13 车站安全疏散应符合下列规定：

a) 站厅和站台公共区、换乘通道内任一点至最近的安全出口（或其他安全区域）以及用于疏散的楼（扶）梯口的距离不应大于 50 m。

b) 当地下出入口通道的长度超过 100 m 时，应增设安全出口，且该通道内任意一点至最近安全出口的疏散距离不应大于 50 m。

c) 乘客的疏散路径上不应设置防火卷帘。

d) 电梯、竖井爬梯、消防专用通道以及管理区的楼梯不得用作乘客的安全疏散设施。

e) 车站设备管理用房直接通向疏散走道的疏散门至最近安全出口的距离，当疏散门位于两个安全出口之间时，疏散门至最近安全出口的距离不应大于 40 m；当疏散门位于袋形走道两侧或尽端时，疏散门至最近安全出口的距离不应大于 22 m。

7.2.14 车站楼梯和通道的最小通行净宽除应符合 GB 55033 的相关规定外，还应符合下列规定：

a) 消防专用楼梯不应小于 1.2 m，站台至轨行区的工作梯（兼区间疏散楼梯）不应小于 1.1 m。

b) 车站和区间用于乘客紧急疏散的楼梯不应小于 1.8 m。

7.2.15 车站应在有车控室等主要管理用房的防火分区内设置消防专用通道及楼梯间，且消防专用通道应能方便到达站厅、站台公共区及各层设备区。当地下车站超过 3 层（含 3 层）或埋深大于 10 m 时，消防专用楼梯间应为防烟楼梯间。

7.3 区 间

7.3.1 区间的安全疏散应符合下列规定：

a) 载客运营的区间道床面应平整、连续、无障碍物，并应满足人员疏散行走的要求。

b） 每个区间轨道区均应设置到达站台的疏散楼梯。

c） 载客运营的区间应设置纵向疏散平台。当纵向疏散平台为单侧临空时，其平台宽度不宜小于 0.6 m，并应在区间壁的墙上设置靠墙扶手，高度宜为 0.9 m；当纵向疏散平台为双侧临空时，其平台宽度不宜小于 0.9 m。疏散平台上方净空不应小于 2.1 m。

d） 直线地段和曲线地段纵向疏散平台距轨道中心线高度应统一按低于车厢地板面高度 150 mm～200 mm 确定。

e） 疏散平台的耐火极限不应低于 1.00 h。

7.3.2 载客运营的地下区间应设安全出口，安全出口可通向室外、车站、区间风井、相邻区间等安全区域，并应符合下列规定：

a） 通向室外、区间风井的安全出口应为直达地面的防烟楼梯间，楼梯净宽不应小于 1.8 m。

b） 通向相邻区间的安全出口，应在联络通道内至少设置 1 道并列二樘且反向开启的甲级防火门，每扇防火门的净宽不应小于 0.80 m。

c） 通向避难走道等其他安全区域的疏散走道净宽不应小于 1.8 m，且避难走道应符合 GB 50016 的相关规定。

d） 相邻两个安全出口的距离不应大于 600 m。

7.3.3 当区间风井连通地下区间时，消防救援口应能直达任一载客运营的区间，消防救援通道及其楼梯净宽应不小于 1.2 m，楼梯间应为防烟楼梯间。

7.4 车辆基地

7.4.1 有上盖建筑的车辆基地，上盖平台可用于上盖建筑的安全疏散，其上盖平台标高可作为上盖建筑消防高度的室外地坪起算点。

7.4.2 有上盖建筑的车辆基地，其板地下部供消防车通行的消防车道当采用自然排烟时应符合下列规定：

a) 顶部或侧部开敞面积不得小于消防车道道路面积的 25%。

b) 板地开口中心与消防车道的距离不应大于板下该区域净空高度的 2.8 倍,且均匀设置,间距不应大于 60 m。

7.4.3 有上盖建筑的车辆基地,当板地开口符合第 7.4.2 条规定时,其下部的消防车道可作为安全区域进行人员疏散,板地下部厂(库)房的安全疏散距离可按 GB 50016 的相关规定执行;当板地开口确有困难,或板地开口不符合第 7.4.2 条规定时,板地下部车辆基地内任一部位至安全出口或符合第 7.4.4 条基地内部道路的直线距离不应大于 90 m。

7.4.4 有上盖建筑的车辆基地,其板地下部符合下列规定的基地内部道路可进行人员疏散:

a) 宽度不小于 9 m。

b) 采用耐火等级不低于 2.00 h 的防火隔墙及乙级防火门、窗与其他室内区域分隔。

c) 设置不少于 2 个直通室外地坪、上盖平台的安全出口,安全出口间距不大于 180 m,宽度不小于 1.4 m。

d) 设置排烟设施。

7.4.5 当板地下部车辆基地各建筑物外墙与板地边缘的距离不大于 30 m 时,可将板地下的库外区域作为人员的疏散区域。

7.4.6 上盖建筑与车辆基地应按各自相应规范要求独立设置人员疏散通道和安全出口,不得相互借用。二者的出入口口部间距不应小于 5 m。

7.4.7 采用机械排烟的消防车道当板地进深大于 180 m 时,应设置直通板地下部的消防救援口,消防救援口为开口部位或与安全出口合并设置,并应符合下列规定:

a) 居中布置,保护半径不应大于 180 m。

b) 楼梯净宽不应小于 1.4 m。

7.4.8 有上盖建筑的车辆基地,其上盖平台应至少设置 2 组满

足消防车通行和救援要求的通往城市道路的机动车匝道,机动车匝道应符合下列规定:
   a) 坡度不超过10%。
   b) 不少于双车道。
   c) 半径满足消防车转弯的要求。

7.5 疏散指示标志

7.5.1 车站、区间应按 GB 51298 和 GB 51309 要求设置疏散指示标志;控制中心、主变电所、车辆基地建筑应按 GB 50016、GB 51309 和 GB 17945 要求设置疏散指示标志。

7.5.2 车辆基地盖下库外用于人员疏散的内部道路在疏散路径上应设置用于指示疏散方向的疏散指示标志,疏散指示标志的设置应符合下列规定:
   a) 设置在距地面高度1 m以下的地面、墙面、柱面上。
   b) 设置间距不应大于10 m,当空间较大且采用大型或特大型疏散指示标志时,间距可按不大于15 m设置。
   c) 应设在醒目位置,箭头指向疏散方向,并导向安全出口。

7.5.3 疏散指示标志应设置在不被遮挡的醒目位置,不应设置在可开启的门、窗和其他可移动的物体上。疏散指示标志的图形及其文字的尺寸应与空间大小及标志的设置间距匹配。

7.5.4 当消防专用通道与设备管理区的安全出口和疏散通道共用时,疏散指示应朝疏散方向设置。

8 建筑构造

8.1 在所有管线(道)穿越防火墙、防火隔墙、楼板、电缆通道和管沟隔墙处,均应采用防火封堵措施,防火封堵组件的耐火性能不应低于防火分隔部位的耐火性能要求。管线(道)穿越防火墙、防火隔墙、楼板处,应在墙体或楼板两侧的管线(道)上采取防火封堵措施,并应符合下列规定:
   a) 在管线(道)穿越防火墙、防火隔墙、楼板处两侧各1.0 m

范围内的管线（道）保温材料应采用不燃材料。

  b）风管穿越防火墙、重要房间隔墙、有隔墙的变形缝、楼板处应设置防火阀。

8.2 地下车站设备管理区内强弱电电缆间、管道井等处设置的检修门均应采用甲级防火门，其宽度应满足人员检修方便和进出要求。

8.3 当变形缝两侧的房间开门时，均应设置甲级防火门，且门扇启闭时不应骑跨变形缝。

8.4 车站公共区的墙面和顶棚装修材料的燃烧性能均应为 A 级。满足自然排烟条件的地上车站公共区，其地面装修材料的燃烧性能不应低于 B_1 级。

8.5 有上盖建筑的车辆基地，其板地下部建筑保温及内部装修材料应符合 DB32/T 4170—2021 的相关规定。

9 消防给水与灭火设施

9.1 消防用水量应按发生一次火灾时需要同时作用的室内外消防系统用水量之和计算。

9.2 从市政管网直接抽水的消防引入管或从市政管网接至消防水池的补水管上应设置倒流防止器或采取其他能防止回流污染的措施。

9.3 设置室内消火栓系统或自动水灭火系统的场所应设置消防水泵接合器，消防水泵接合器的设置与选型应符合下列规定：

  a）数量应按每种水灭火系统设计流量经计算确定，每个消防水泵接合器的流量宜按 10 L/s～15 L/s 计算。

  b）应设置在室外便于消防车使用处，地下车站宜设置在出入口或风亭附近的明显位置，但不应正对车站风井排风口且与排风口边沿的间距不宜小于 2 m，地下车辆基地宜邻近室外开敞空间或消防车道布置；水泵接合器距离室外消火栓或消防水池取水口宜为 15 m～40 m。

c) 宜采用地上式,并应设置相应的永久性固定标识。

9.4 消火栓系统的设置应符合下列规定:
a) 车站及其附属建筑、车辆基地应设置室外消火栓系统。
b) 地下车站应保证不少于2个出入口在室外5 m～40 m范围内设置室外消火栓,其他出入口均应位于室外消火栓150 m保护半径范围内;水泵接合器15 m～40 m范围内应设置配套数量的室外消火栓;地上车站、附属建筑和车辆基地的室外消火栓设置应符合GB 55036及GB 50974的相关规定。
c) 车站及其相连的地下区间、长度大于30 m的出入口通道、换乘通道、长度大于500 m的独立地下区间、区间风井应设置室内消火栓系统;地下区间和车站配线区内设置单口消火栓,间距不应大于50 m。
d) 地面有上盖的车辆基地在板地下部的道路和咽喉区、迁出线架空区、试车线等应设置室外消火栓,其余各区域均应设置室内消火栓。上盖平台上消防救援口的5 m～40 m范围内应设置室外消火栓。室外消火栓的供水压力不应小于0.1 MPa,以该消火栓所在位置地坪算起。
e) 地下、半地下车辆基地的道路区域和露天区域应设置室外消火栓,其余有板地覆盖的各区域均设置室内消火栓。
f) 车辆基地库外轨道区域的室外消火栓宜采用地下式,应有DN 100和DN 65的栓口各1个,消火栓的间距不应超过50 m;其他位置的室外消火栓宜采用地上式,布置间距不应大于120 m,每个室外消火栓的保护半径不应大于150 m;车辆基地库外轨道区域设置室内消火栓时,间距不应大于50 m。
g) 地下车站和地下区间的室内消火栓给水系统应设计为环状管网,地下区间上、下行线应各引入1根消防给水管,在地下车站端部与车站环状管网相接。车站向区间供水的消防给水干管上应设置电动蝶阀,电动蝶阀的就地控制箱应设置在便于现场操作的位置。

h) 除地下区间和车站配线区外,室内消火栓应配备水带和水枪,并配备消防软管卷盘或轻便消防水龙;当消火栓系统由消防水泵加压供水时,室内消火栓处应设置消火栓按钮,其动作信号应作为消火栓开启的报警信号及联动控制消火栓泵启动的触发信号。

i) 除本条第 a)款~第 h)款规定外,消火栓系统其他要求还应符合 GB 55036、GB 50974、GB 51298 和 GB 50157 的相关规定。

9.5 车站和区间消火栓系统的设计用水量应符合下列规定:

a) 地下车站室外消火栓设计流量不应小于 20 L/s,室内消火栓设计流量不应小于 20 L/s,设计火灾延续时间不应小于 2.00 h。

b) 地下车站出入口通道、地下换乘通道、地下配线区、地下区间隧道、区间风井、车辆基地库外轨道区域的室内消火栓设计流量不应小于 10 L/s,设计火灾延续时间不应小于 2.00 h。

c) 地上车站、附属建筑和车辆基地建筑的室内、室外消火栓设计流量和设计火灾延续时间应符合 GB 55036 及 GB 50974 的相关规定。

9.6 消防给水系统应充分利用市政给水设施,当市政给水的供水可靠性或供水压力不满足消防用水要求时,应根据 GB 50974 的要求设置相应的消防储水、增压和稳压设施;采用市政管网提供两路消防水源,当其中一条进水管发生故障时,另一条进水管应仍能保证全部消防用水量。

9.7 轨道交通与综合开发结合的工程,室内消防系统应各自独立设置,综合开发部分的设计应符合 GB 55037、GB 55036、GB 50016、GB 50974 和 GB 50084 的相关规定。

9.8 下列场所应设置自动喷水灭火系统：

a) 设于地下、半地下和地面有上盖的车辆基地内的停车库、列检库、停车列检库、运用库、检修库、吹扫库、不落轮镟轮库、调机工程车库及上述库房的附跨。

b) 存放可燃、难燃物品的高架仓库和高层仓库。

9.9 位于车站站厅内的总面积不大于 100 m², 单个区域面积不大于 30 m² 的零星商铺内可设置自动喷水灭火局部应用系统，系统设计应符合 GB 50084 的相关规定。

9.10 符合第 9.8 条但最大净空高度超出自动喷水灭火系统适用范围的高大空间场所应设置其他自动水灭火设施。

9.11 下列场所应设置自动灭火系统：

a) GB 51298 规定的场所。

b) 位于地下、半地下车辆基地内有板地覆盖区域的变电所（含控制室）、通信和信号设备室（含电源室）、蓄电池室。

9.12 当选用气体灭火系统时，宜采用全淹没组合分配灭火系统；远离车站主体的单个或 3 个（含）以下且面积较小的保护区域，可采用全淹没预制灭火系统。

9.13 地上三层及以上单体总建筑面积大于 10 000 m² 的车站，当室内采用临时高压消防给水系统时，应设置高位消防水箱；其他各类车站采用临时高压消防给水系统，当设置了稳压装置及气压设备或利用市政管网的条件能够提供管网稳压压力和火灾初期的消防水量时，可不设置高位消防水箱。气压罐的有效储水容积应符合 GB 50974 的相关规定。

9.14 由市政管网直接供水的消防给水系统，其工作压力应按市政给水管网的最低水压计算，并按市政给水管网的最高水压校核。

9.15 消防给水系统的控制应符合下列要求：

a) 消火栓泵应具备现场就地控制、远程控制、出水干管上的压力开关和稳压干管上的流量开关自动启动的功能，自动喷水泵应具备现场就地控制、远程控制、报警阀组压力开关自动启动、出水干管上的压力开关和稳压干管上的流量开关自动启动的功能。

b) 消防泵的现场就地控制应设置机械应急启动的功能,消防水泵不应设置自动停泵的功能。

c) 消防控制室应能显示消防泵和稳压泵的工作、故障、电源和手/自动开关状态,显示消火栓按钮工作位置,显示消防水池(水箱)的实时水位及高、低水位报警信号,并应实现消防泵的直接手动启动、停止。

d) 车站级监控管理系统应能控制消防给水干管电动阀门的开、关,应显示电动阀、信号阀、水流指示器等设施的工作状态。

10 防烟与排烟

10.1 防烟楼梯间及其前室、封闭楼梯间、避难走道及其前室、避难间及其前室、消防电梯前室或合用前室等场所应设置防烟设施。

10.2 下列场所应设置排烟设施:

a) 地下或封闭车站的站厅、站台公共区。

b) 建筑面积大于 50 m^2,无可开启外窗且经常有人停留或可燃物较多的房间;同一防火分区内总建筑面积大于 200 m^2,无可开启外窗且经常有人停留或可燃物较多的房间或区域。

c) 建筑面积大于 100 m^2 且经常有人停留或建筑面积大于 300 m^2 且可燃物较多的房间。

d) 连续长度大于一列列车长度的地下区间和全封闭车道。

e) 车站设备管理区内长度大于 20 m 的内走道;长度大于 60 m 的地下换乘通道、连接通道和连续长度大于 60 m 的地下出入口通道。

  f) 地下和带上盖建筑的车辆基地内停车库、列检库、停车列检库、运用库、检修库、不落轮镟轮库、工程车库、消防车道以及供人员疏散的库外区域。

  g) GB 55037 规定的其他场所。

  注:设置自动灭火系统的房间、消防水泵房、污水泵房、废水泵房、厕所、盥洗室、茶水间、气瓶室等场所可不设置排烟设施,且不计入本条第 b)款中计算面积。

10.3 综合开发与轨道交通的防排烟系统、排烟风井(道)等应各自独立设置。

10.4 除轨行区和站台公共区外,车站站厅公共区和设备区应划分防烟分区。防烟分区不得跨越防火分区,且应符合下列规定:

  a) 站厅公共区、地下通道和地下出入口通道中单个防烟分区的最大允许建筑面积不应大于 2 000 m²。

  b) 设备区单个防烟分区的最大允许建筑面积不应大于 750 m²。

10.5 地面和高架车站宜采用自然排烟方式,不符合自然排烟要求时应设机械排烟;设置全封闭声屏障的地上区间和路堑式区间应采用自然排烟方式。

10.6 设计火灾规模应符合下列要求:

  a) 通行或停放列车的场所,如地下区间、停车库、列检库、停车列检库、运用库、检修库等场所应取用列车设计火灾规模;设有自动灭火系统的场所,其设计火灾规模可减半。

  b) 车站公共区、地下通道、出入口通道等场所的设计火灾规模可取 1.5 MW~2.5 MW。

  c) 当公共区设有商铺时,设计火灾规模应按 GB 51251 的要求取用。

10.7 车站排烟系统的风量应符合下列规定:

  a) 站厅公共区、地下出入口通道和地下通道的排烟量应按各防烟分区的建筑面积不小于 60 m³/(m²·h)分别计算,同时单个防烟分区的排烟量不得小于按设计火灾规模计算的排烟量。

b) 当防烟分区中包含轨道区时,应按列车设计火灾规模计算排烟量。

c) 地下站台的排烟量除应符合本条第 a)、b)款要求外,尚不得小于由站厅通过楼(扶)梯口流向站台的总补风量。

d) 设备区的排烟量应按各防烟分区的建筑面积不小于 $60 \text{ m}^3/(\text{m}^2 \cdot \text{h})$ 分别计算,且排烟量不得低于 $15\,000 \text{ m}^3/\text{h}$,内走道的排烟量不得低于 $13\,000 \text{ m}^3/\text{h}$。

e) 排烟风机的风量应按所负担的防烟分区中最大一个防烟分区的排烟量、风管(道)的漏风量及其他防烟分区的排烟口或排烟阀的漏风量之和计算,且不得低于最大防烟分区排烟量的 1.2 倍。

10.8 当地下车站的站台层发生火灾且乘客向位于其上方的站厅层疏散时,防排烟系统应形成由站厅层流向站台层的气流,满足站台层楼(扶)梯洞口挡烟垂壁断面处的水平风速不小于 1.0 m/s 或者楼(扶)梯坡段处向下风速不小于 1.5 m/s 的要求。

10.9 地下区间宜采用纵向通风排烟,且应符合下列规定:

a) 单个通风区段的事故通风能力应按最大停车数量确定,最大停车数量不宜小于正常行车时该区段同时运行的列车数量。

b) 纵向排烟风速不应小于 2 m/s 且不应大于 11 m/s,并能防止烟气逆流。

c) 单洞单线正线区间的纵向排烟方向可与车行方向一致。

d) 列车出入线、停车线等无载客区间的通风方向应能使烟气尽快排至室外和方便救援;当出入线连接地下车辆基地或带上盖建筑的车辆基地时,烟气不得排入车辆基地区域内。

10.10 地下或带上盖建筑的车辆基地内停车库、列检库、停车列

检库、运用库、检修库、消防车道以及供人员疏散的库外区域,其排烟设计应符合下列规定:

  a) 库内排烟量应按设计火灾规模计算,消防车道以及供人员疏散的库外区域中单个防烟分区的排烟量不应小于6次/h,且不应小于120 000 m³/h。

  b) 消防车道和供人员疏散的库外排烟区域与周边区域之间应设防止烟气蔓延的设施。

10.11 排烟系统可与正常通风系统合用,但合用系统应符合排烟系统要求,且由正常运转模式转为火灾运转模式的时间不应大于180 s。

10.12 排烟风机及其机房应满足下列规定:

  a) 地下车站的排烟风机在280℃时应能连续工作不小于1.0 h,地上车站、控制中心、车辆基地及其他附属建筑的排烟风机在280℃时,应能连续工作不小于0.5 h。

  b) 地下区间的排烟风机在280℃时应能连续工作不小于1.0 h,且不应小于区间乘客疏散所需的最长时间。

  c) 排烟风机宜设置在排烟区域的同层或上层,并应与补风机、加压送风机分别设在不同机房内。

10.13 车站和区间火灾时,应按启动火源所属防烟分区或通风区段的排烟系统设计。

10.14 风管不应穿行封闭楼梯间和防烟楼梯间,当无法避免时应设置土建夹层供风管穿行;新风道与排烟风道之间的隔墙不宜穿行管线,当无法避免时应采取可靠的防火封堵措施。

10.15 金属防烟或排烟风管道内的风速不应大于20 m/s,非金属防烟或排烟管道内的风速不应大于15 m/s。

11 火灾自动报警

11.1 车站、地下区间、区间变电所、区间风井及系统设备用房、主变电所、控制中心、车辆基地应设置火灾自动报警系统。

11.2 轨道交通火灾自动报警系统与相邻非轨道交通火灾自动报警系统应独立设置,相互之间应能实现信息互通。消防控制室图形显示装置应能显示对方确认的火灾报警信息。

11.3 城市轨道交通专用防、排烟风机的控制方式,除应采用自动联动控制方式外,还应在消防控制室设置手动直接控制装置。手动直接控制装置宜采用硬线连接方式;当距离超过 0.4 km 时,在保证系统运行安全前提下,可采用通信连接方式实现相关功能。

11.4 一处车辆基地可根据建筑布局及运营管理模式合理设置消防控制室。

11.5 车站与商业连通的由轨道交通控制开向防火隔间的常开甲级防火门应设置门禁,且在任一侧发生火灾时锁闭。

11.6 区间隧道联络通道防火门应具有车站监控系统对其启闭状态监视报警功能。

11.7 车站、控制中心、车辆基地应设置电气火灾监控系统、消防设备电源监控系统、防火门监控系统,且应符合国家现行相关标准的规定。

11.8 列车火灾信息应上传至控制中心,并在中央控制室显示。

11.9 火灾自动报警系统现场级网络应独立设置,并应在总线回路中设置短路隔离器;回路中每只总线短路隔离器隔离的火灾探测器、手动火灾报警按钮和模块等消防设备的总数不应大于 32 点;总线穿越防火分区时,应在穿越处设置总线短路隔离器。

11.10 下列场所应设置火灾探测器:

a) 地下车站公共区、地面及高架车站非敞开式公共区。

b) 各类设备用房、管理用房及其内部通道。

c) 设有防排烟设施的设备管理区走道、地下和带上盖建筑的车辆基地具有安全区功能的盖下库外区域、换乘通道、出入口通道等。

d) 位于车站站厅层内的总面积不大于 100 m^2、单个区域面积不大于 30 m² 的商铺。

　　e）电缆通道及夹层等。

11.11　车辆基地的停车库、列检库、停车列检库、运用库、检修库及物资仓库等场所，应设置火灾探测器，其中的大空间场所宜采用吸气式空气采样探测器、线型光束感烟火灾探测器或可视烟雾图像探测器等。

11.12　设有火灾报警探测器的部位应设置手动报警按钮；车站、区间变电所、区间风井、主变电所、控制中心、车辆基地手动报警按钮应设置在室内消火栓箱旁；地下区间在纵向疏散平台的侧壁上应设置手动报警按钮。

11.13　车站公共区和设备管理区内应设置火灾声光警报器，且应设置在走道靠近楼梯出口处和经常有人工作的部位。

11.14　火灾自动报警系统应联动控制与非轨道交通功能场所分界面处所辖防火卷帘、常开防火门，接收其状态反馈信息。

11.15　车辆基地火灾报警系统应联动控制消防车通行道路上的门禁解禁。

11.16　板地下部建筑外区域应于室内消火栓处设置手动报警按钮、消防专用电话插孔，设备的防护等级不应低于 IP55。

12　消防通信

12.1　消防通信应满足消防部门在轨道交通全线范围内的通信要求，并应在突发事件发生时，为消防部门应急调度指挥提供通信保障。

12.2　消防通信应包括消防专用电话、防灾调度电话、消防无线通信、视频监视、消防应急广播及应急信息发布。

12.3　轨道交通全线应设置独立的消防专用电话系统，系统应符合 GB 50116 的相关规定。

12.4　车站与连通商业、车辆基地（车站）与盖上建筑的消防控制室之间应相互设置消防专用电话分机。

12.5 控制中心防灾调度、车站、车辆基地、主变电所、车辆基地（车站）盖上建筑消防控制室应设置可直接报警的直拨电话和防灾调度电话。

12.6 消防无线通信引入系统制式应与地面消防无线通信系统保持一致，上盖开发车辆基地板地下部应设置消防无线通信引入系统。

12.7 无线通信系统在车站、车辆基地、主变电所消防值班室应设置防灾无线固定台或手持台，在列车驾驶室应设置车载台。

12.8 车站、车辆基地、主变电所消防值班室应设置视频监视终端。

12.9 车站、车辆基地、主变电所应设置消防应急广播系统，并宜与运营广播合用；车辆基地（车站）上盖建筑应设置对应其管理范围的消防应急广播系统；消防应急广播应具有最高优先级。

12.10 有人驾驶列车的车辆客室应设置供乘客与司机紧急对讲的装置；无人驾驶列车的车辆客室应设置供乘客与控制中心紧急对讲的装置，并应设置明显的告示牌。

12.11 车站、列车客室的 PIS 显示屏在紧急情况下应具有显示防灾应急信息和乘客疏散信息的功能。

13 消防配电与应急照明

13.1 车站控制室、消防控制室、配电室、消防水泵房、防排烟机房以及火灾时仍需坚持工作的其他房间应设置备用照明。

13.2 车站公共区及其楼（扶）梯、连接通道或换乘通道、疏散走道、消防专用通道、避难走道及前室，设备管理用房区的疏散走道、疏散楼梯间及前室等，控制中心及车辆基地等单体建筑的疏散走道、疏散楼梯间及前室、地下区间及联络通道应设置疏散照明。

13.3 地下及带上盖建筑的车辆基地，其库外的疏散走道应设置疏散照明。

13.4 疏散照明灯具宜设置在墙、柱面或顶棚处。

13.5 疏散照明的最低水平照度应符合下列规定：

a) 疏散走道、车站公共区、连接通道、换乘通道等处不应低于 3.0 lx。

b) 疏散楼梯间及前室、避难走道及前室、消防专用通道、车站公共区楼(扶)梯等处不应低于 10.0 lx。

c) 地下区间疏散平台、道床面及联络通道不应低于 3.0 lx。

d) 其他场所的疏散照明照度应按 GB 55037 和 GB 50016 的规定执行。

13.6 车站控制室、消防控制室、配电室、消防水泵房、防排烟机房以及火灾时仍需要坚持工作的消防设备房，其备用照明照度不应低于正常照明照度。

13.7 应急照明的持续供电时间应符合 GB 55037 的规定。

13.8 消防设备供电回路的线缆应采用阻燃、耐火铜芯线缆，在车站、调度中心、地下区间等场所还应具备低烟无卤性能；电缆选择和敷设应满足火灾时连续供电的需要，并应符合 GB 55037、GB 51298、GB 51348 等相关标准的要求。

附录 A
（资料性）
车站毗邻建筑的类型划分

A.1 融合式车站毗邻建筑

综合开发建筑通过竖向墙体或水平楼板与车站分隔，二者共用部分结构体系，并在水平、竖向等一个或多个方向与车站连通为综合体建筑，该类综合体建筑统称为融合式（含半融合式和全融合式）车站毗邻建筑（见图 A.1~图 A.3）。

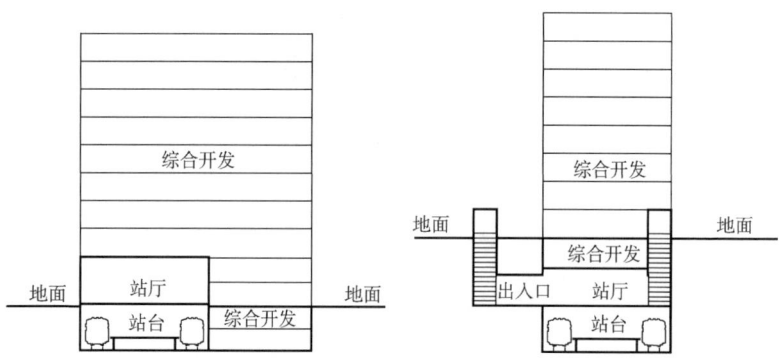

图 A.1 竖向全融合、水平方向半融合式车站毗邻建筑示意

图 A.2 竖向半融合式车站毗邻建筑示意

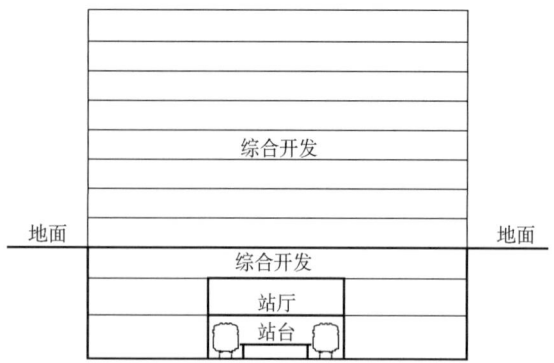

图 A.3 水平方向、竖向全融合式车站毗邻建筑示意

A.2 脱离式车站毗邻建筑

综合开发建筑的结构体系与车站完全脱开,自成体系。根据功能需求可通过通道、防火隔间、下沉式广场、楼扶(电)梯间、坡道等方式与车站连通。该类综合开发建筑统称为脱离式车站毗邻建筑(见图 A.4~图 A.7)。

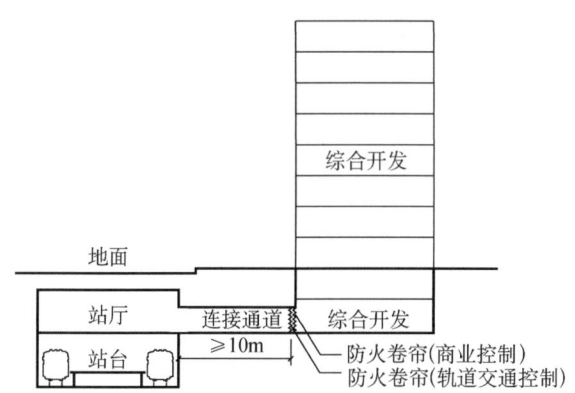

图 A.4 脱离式车站毗邻建筑-地道连通示意

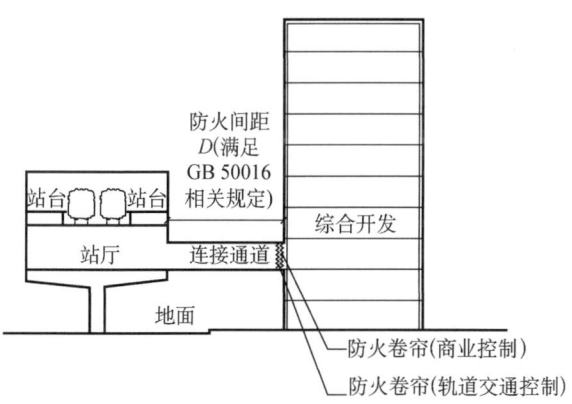

图 A.5 脱离式车站毗邻建筑-天桥连通示意

39

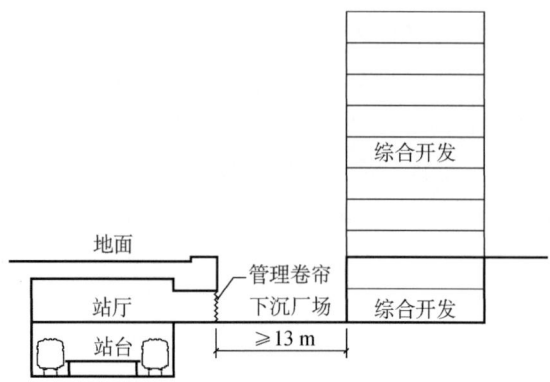

图 A.6 脱离式车站毗邻建筑-下沉式广场连通示意

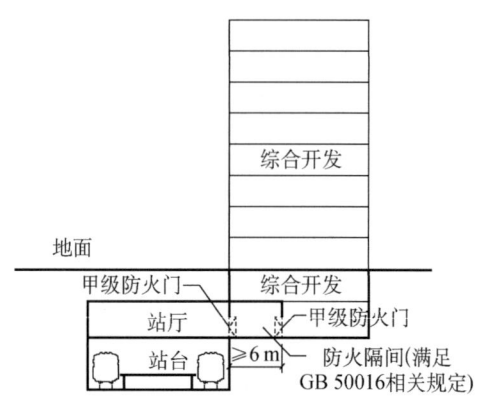

图 A.7 脱离式车站毗邻建筑-防火隔间连通示意

附录 B
（资料性）
车站结构直接相关区域示意图

根据车站与上盖建筑结构的不同设缝关系,车站结构直接相关区域按图 B.1~图 B.5 确定。图中虚线表示车站范围,点划线表示车站结构直接相关区域。

车站主体结构与综合开发建筑结构完全脱开的情况,车站范围和车站结构直接相关区域重合,见图 B.1。

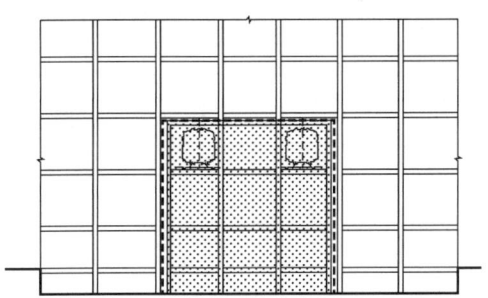

图 B.1 车站结构直接相关区域示意

车站主体结构与综合开发建筑结构完全连成一体的情况,见图 B.2。

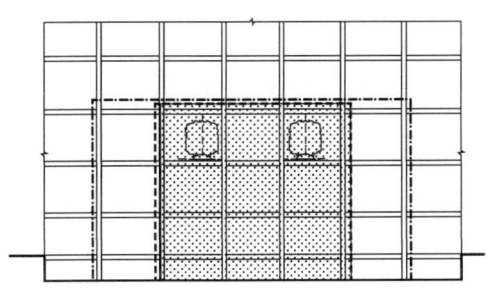

图 B.2 车站结构直接相关区域示意

41

车站主体结构的侧面与综合开发建筑的结构设抗震缝脱开的情况,车站范围和车站结构直接相关区域重合,见图B.3。

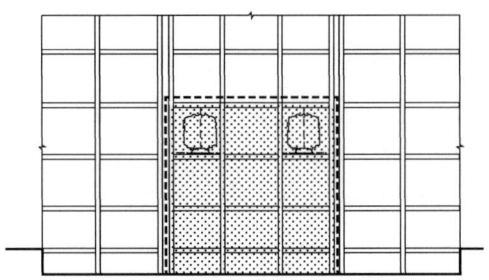

图B.3 车站结构直接相关区域示意

车站疏散通道与综合开发建筑完全连成一体的情况,见图B.4、图B.5。

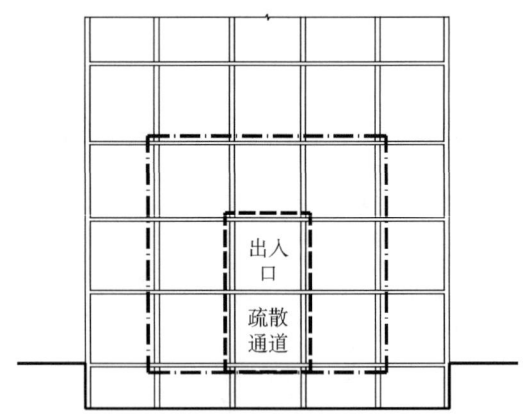

图B.4 车站结构直接相关区域示意(出入口剖面)

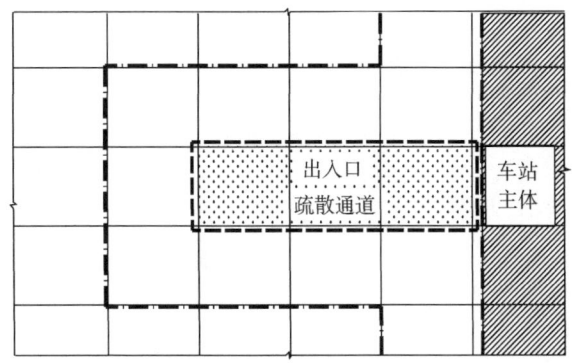

图 B.5 车站结构直接相关区域示意(出入口平面)